THIS NOTEBOOK BELONGS TO:

_____

_____

_____

TABLE OF CONTENTS FOR PASSWORDS

PAGE	WEBSITE
5	
6	
7	
8	
9	
10	
11	
12	
13	
14	
15	
16	
17	
18	
19	
20	
21	
22	

TABLE OF CONTENTS FOR PASSWORDS

PAGE	WEBSITE
23	
24	
25	
26	
27	
28	
29	
30	
31	
32	
33	
34	
35	
36	
37	
38	
39	
40	

WEBSITE:_____

USERNAME: _____
SECURITY QUESTION: _____
ANSWER: _____
SECURITY QUESTION: _____
ANSWER: _____
SECURITY QUESTION: _____
ANSWER: _____
NOTES: _____

_____

_____

PASSWORD: _____
PASSWORD: _____
PASSWORD: _____
PASSWORD: _____
PASSWORD: _____
PASSWORD: _____
PASSWORD: _____
PASSWORD: _____
PASSWORD: _____
PASSWORD: _____
PASSWORD: _____

WEBSITE:_____

USERNAME: _____

SECURITY QUESTION: _____

ANSWER: _____

SECURITY QUESTION: _____

ANSWER: _____

SECURITY QUESTION: _____

ANSWER: _____

NOTES: _____

_____

_____

PASSWORD: _____

PASSWORD: _____

PASSWORD: _____

PASSWORD: _____

PASSWORD: _____

PASSWORD: _____

PASSWORD: _____

PASSWORD: _____

PASSWORD: _____

PASSWORD: _____

PASSWORD: _____

WEBSITE:_____

USERNAME: _____

SECURITY QUESTION: _____

ANSWER: _____

SECURITY QUESTION: _____

ANSWER: _____

SECURITY QUESTION: _____

ANSWER: _____

NOTES: _____

_____

_____

PASSWORD: _____

PASSWORD: _____

PASSWORD: _____

PASSWORD: _____

PASSWORD: _____

PASSWORD: _____

PASSWORD: _____

PASSWORD: _____

PASSWORD: _____

PASSWORD: _____

PASSWORD: _____

WEBSITE:_____

USERNAME: _____

SECURITY QUESTION: _____

ANSWER: _____

SECURITY QUESTION: _____

ANSWER: _____

SECURITY QUESTION: _____

ANSWER: _____

NOTES: _____

_____

_____

PASSWORD: _____

PASSWORD: _____

PASSWORD: _____

PASSWORD: _____

PASSWORD: _____

PASSWORD: _____

PASSWORD: _____

PASSWORD: _____

PASSWORD: _____

PASSWORD: _____

PASSWORD: _____

WEBSITE:_____

USERNAME: _____

SECURITY QUESTION: _____

ANSWER: _____

SECURITY QUESTION: _____

ANSWER: _____

SECURITY QUESTION: _____

ANSWER: _____

NOTES: _____

_____

_____

PASSWORD: _____

PASSWORD: _____

PASSWORD: _____

PASSWORD: _____

PASSWORD: _____

PASSWORD: _____

PASSWORD: _____

PASSWORD: _____

PASSWORD: _____

PASSWORD: _____

PASSWORD: _____

WEBSITE:_____

USERNAME: _____

SECURITY QUESTION: _____

ANSWER: _____

SECURITY QUESTION: _____

ANSWER: _____

SECURITY QUESTION: _____

ANSWER: _____

NOTES: _____

_____

_____

PASSWORD: _____

PASSWORD: _____

PASSWORD: _____

PASSWORD: _____

PASSWORD: _____

PASSWORD: _____

PASSWORD: _____

PASSWORD: _____

PASSWORD: _____

PASSWORD: _____

PASSWORD: _____

WEBSITE:_____

USERNAME: _____

SECURITY QUESTION: _____

ANSWER: _____

SECURITY QUESTION: _____

ANSWER: _____

SECURITY QUESTION: _____

ANSWER: _____

NOTES: _____

_____

_____

PASSWORD: _____

PASSWORD: _____

PASSWORD: _____

PASSWORD: _____

PASSWORD: _____

PASSWORD: _____

PASSWORD: _____

PASSWORD: _____

PASSWORD: _____

PASSWORD: _____

PASSWORD: _____

WEBSITE: _____

USERNAME: _____
SECURITY QUESTION: _____
ANSWER: _____
SECURITY QUESTION: _____
ANSWER: _____
SECURITY QUESTION: _____
ANSWER: _____
NOTES: _____

_____

_____

PASSWORD: _____
PASSWORD: _____
PASSWORD: _____
PASSWORD: _____
PASSWORD: _____
PASSWORD: _____
PASSWORD: _____
PASSWORD: _____
PASSWORD: _____
PASSWORD: _____
PASSWORD: _____

WEBSITE:_____

USERNAME: _____

SECURITY QUESTION: _____

ANSWER: _____

SECURITY QUESTION: _____

ANSWER: _____

SECURITY QUESTION: _____

ANSWER: _____

NOTES: _____

_____

_____

PASSWORD: _____

PASSWORD: _____

PASSWORD: _____

PASSWORD: _____

PASSWORD: _____

PASSWORD: _____

PASSWORD: _____

PASSWORD: _____

PASSWORD: _____

PASSWORD: _____

PASSWORD: _____

WEBSITE:_____

USERNAME: _____

SECURITY QUESTION: _____

ANSWER: _____

SECURITY QUESTION: _____

ANSWER: _____

SECURITY QUESTION: _____

ANSWER: _____

NOTES: _____

_____

_____

PASSWORD: _____

PASSWORD: _____

PASSWORD: _____

PASSWORD: _____

PASSWORD: _____

PASSWORD: _____

PASSWORD: _____

PASSWORD: _____

PASSWORD: _____

PASSWORD: _____

PASSWORD: _____

WEBSITE:_____

USERNAME: _____

SECURITY QUESTION: _____

ANSWER: _____

SECURITY QUESTION: _____

ANSWER: _____

SECURITY QUESTION: _____

ANSWER: _____

NOTES: _____

_____

_____

PASSWORD: _____

PASSWORD: _____

PASSWORD: _____

PASSWORD: _____

PASSWORD: _____

PASSWORD: _____

PASSWORD: _____

PASSWORD: _____

PASSWORD: _____

PASSWORD: _____

PASSWORD: _____

WEBSITE:_____

USERNAME: _____

SECURITY QUESTION: _____

ANSWER: _____

SECURITY QUESTION: _____

ANSWER: _____

SECURITY QUESTION: _____

ANSWER: _____

NOTES: _____

_____

_____

PASSWORD: _____

PASSWORD: _____

PASSWORD: _____

PASSWORD: _____

PASSWORD: _____

PASSWORD: _____

PASSWORD: _____

PASSWORD: _____

PASSWORD: _____

PASSWORD: _____

PASSWORD: _____

WEBSITE:_____

USERNAME: _____

SECURITY QUESTION: _____

ANSWER: _____

SECURITY QUESTION: _____

ANSWER: _____

SECURITY QUESTION: _____

ANSWER: _____

NOTES: _____

_____

_____

PASSWORD: _____

PASSWORD: _____

PASSWORD: _____

PASSWORD: _____

PASSWORD: _____

PASSWORD: _____

PASSWORD: _____

PASSWORD: _____

PASSWORD: _____

PASSWORD: _____

PASSWORD: _____

WEBSITE:_____

USERNAME: _____

SECURITY QUESTION: _____

ANSWER: _____

SECURITY QUESTION: _____

ANSWER: _____

SECURITY QUESTION: _____

ANSWER: _____

NOTES: _____

_____

_____

PASSWORD: _____

PASSWORD: _____

PASSWORD: _____

PASSWORD: _____

PASSWORD: _____

PASSWORD: _____

PASSWORD: _____

PASSWORD: _____

PASSWORD: _____

PASSWORD: _____

PASSWORD: _____

WEBSITE:_____

USERNAME: _____

SECURITY QUESTION: _____

ANSWER: _____

SECURITY QUESTION: _____

ANSWER: _____

SECURITY QUESTION: _____

ANSWER: _____

NOTES: _____

_____

_____

PASSWORD: _____

PASSWORD: _____

PASSWORD: _____

PASSWORD: _____

PASSWORD: _____

PASSWORD: _____

PASSWORD: _____

PASSWORD: _____

PASSWORD: _____

PASSWORD: _____

PASSWORD: _____

WEBSITE:_____

USERNAME: _____

SECURITY QUESTION: _____

ANSWER: _____

SECURITY QUESTION: _____

ANSWER: _____

SECURITY QUESTION: _____

ANSWER: _____

NOTES: _____

_____

_____

PASSWORD: _____

PASSWORD: _____

PASSWORD: _____

PASSWORD: _____

PASSWORD: _____

PASSWORD: _____

PASSWORD: _____

PASSWORD: _____

PASSWORD: _____

PASSWORD: _____

PASSWORD: _____

WEBSITE:_____

USERNAME: _____

SECURITY QUESTION: _____

ANSWER: _____

SECURITY QUESTION: _____

ANSWER: _____

SECURITY QUESTION: _____

ANSWER: _____

NOTES: _____

_____

_____

PASSWORD: _____

PASSWORD: _____

PASSWORD: _____

PASSWORD: _____

PASSWORD: _____

PASSWORD: _____

PASSWORD: _____

PASSWORD: _____

PASSWORD: _____

PASSWORD: _____

PASSWORD: _____

WEBSITE:_____

USERNAME: _____
SECURITY QUESTION: _____
ANSWER: _____
SECURITY QUESTION: _____
ANSWER: _____
SECURITY QUESTION: _____
ANSWER: _____
NOTES: _____
_____
_____

PASSWORD: _____
PASSWORD: _____
PASSWORD: _____
PASSWORD: _____
PASSWORD: _____
PASSWORD: _____
PASSWORD: _____
PASSWORD: _____
PASSWORD: _____
PASSWORD: _____
PASSWORD: _____

WEBSITE:_____

USERNAME: _____

SECURITY QUESTION: _____

ANSWER: _____

SECURITY QUESTION: _____

ANSWER: _____

SECURITY QUESTION: _____

ANSWER: _____

NOTES: _____

_____

_____

PASSWORD: _____

PASSWORD: _____

PASSWORD: _____

PASSWORD: _____

PASSWORD: _____

PASSWORD: _____

PASSWORD: _____

PASSWORD: _____

PASSWORD: _____

PASSWORD: _____

PASSWORD: _____

WEBSITE:_____

USERNAME: _____

SECURITY QUESTION: _____

ANSWER: _____

SECURITY QUESTION: _____

ANSWER: _____

SECURITY QUESTION: _____

ANSWER: _____

NOTES: _____

_____

_____

PASSWORD: _____

PASSWORD: _____

PASSWORD: _____

PASSWORD: _____

PASSWORD: _____

PASSWORD: _____

PASSWORD: _____

PASSWORD: _____

PASSWORD: _____

PASSWORD: _____

PASSWORD: _____

WEBSITE:_____

USERNAME: _____

SECURITY QUESTION: _____

ANSWER: _____

SECURITY QUESTION: _____

ANSWER: _____

SECURITY QUESTION: _____

ANSWER: _____

NOTES: _____

_____

_____

PASSWORD: _____

PASSWORD: _____

PASSWORD: _____

PASSWORD: _____

PASSWORD: _____

PASSWORD: _____

PASSWORD: _____

PASSWORD: _____

PASSWORD: _____

PASSWORD: _____

PASSWORD: _____

WEBSITE:_____

USERNAME: _____

SECURITY QUESTION: _____

ANSWER: _____

SECURITY QUESTION: _____

ANSWER: _____

SECURITY QUESTION: _____

ANSWER: _____

NOTES: _____

_____

_____

PASSWORD: _____

PASSWORD: _____

PASSWORD: _____

PASSWORD: _____

PASSWORD: _____

PASSWORD: _____

PASSWORD: _____

PASSWORD: _____

PASSWORD: _____

PASSWORD: _____

PASSWORD: _____

WEBSITE:_____

USERNAME: _____
SECURITY QUESTION: _____
ANSWER: _____
SECURITY QUESTION: _____
ANSWER: _____
SECURITY QUESTION: _____
ANSWER: _____
NOTES: _____
_____
_____

PASSWORD: _____
PASSWORD: _____
PASSWORD: _____
PASSWORD: _____
PASSWORD: _____
PASSWORD: _____
PASSWORD: _____
PASSWORD: _____
PASSWORD: _____
PASSWORD: _____
PASSWORD: _____
PASSWORD: _____

WEBSITE:_____

USERNAME: _____

SECURITY QUESTION: _____

ANSWER: _____

SECURITY QUESTION: _____

ANSWER: _____

SECURITY QUESTION: _____

ANSWER: _____

NOTES: _____

_____

_____

PASSWORD: _____

PASSWORD: _____

PASSWORD: _____

PASSWORD: _____

PASSWORD: _____

PASSWORD: _____

PASSWORD: _____

PASSWORD: _____

PASSWORD: _____

PASSWORD: _____

PASSWORD: _____

WEBSITE:_____

USERNAME: _____

SECURITY QUESTION: _____

ANSWER: _____

SECURITY QUESTION: _____

ANSWER: _____

SECURITY QUESTION: _____

ANSWER: _____

NOTES: _____

_____

_____

PASSWORD: _____

PASSWORD: _____

PASSWORD: _____

PASSWORD: _____

PASSWORD: _____

PASSWORD: _____

PASSWORD: _____

PASSWORD: _____

PASSWORD: _____

PASSWORD: _____

PASSWORD: _____

WEBSITE:_____

USERNAME: _____
SECURITY QUESTION: _____
ANSWER: _____
SECURITY QUESTION: _____
ANSWER: _____
SECURITY QUESTION: _____
ANSWER: _____
NOTES: _____

_____

_____

PASSWORD: _____
PASSWORD: _____
PASSWORD: _____
PASSWORD: _____
PASSWORD: _____
PASSWORD: _____
PASSWORD: _____
PASSWORD: _____
PASSWORD: _____
PASSWORD: _____
PASSWORD: _____

WEBSITE:_____

USERNAME: _____

SECURITY QUESTION: _____

ANSWER: _____

SECURITY QUESTION: _____

ANSWER: _____

SECURITY QUESTION: _____

ANSWER: _____

NOTES: _____

_____

_____

PASSWORD: _____

PASSWORD: _____

PASSWORD: _____

PASSWORD: _____

PASSWORD: _____

PASSWORD: _____

PASSWORD: _____

PASSWORD: _____

PASSWORD: _____

PASSWORD: _____

PASSWORD: _____

WEBSITE:_____

USERNAME: _____

SECURITY QUESTION: _____

ANSWER: _____

SECURITY QUESTION: _____

ANSWER: _____

SECURITY QUESTION: _____

ANSWER: _____

NOTES: _____

_____

_____

PASSWORD: _____

PASSWORD: _____

PASSWORD: _____

PASSWORD: _____

PASSWORD: _____

PASSWORD: _____

PASSWORD: _____

PASSWORD: _____

PASSWORD: _____

PASSWORD: _____

PASSWORD: _____

WEBSITE:_____

USERNAME: _____
SECURITY QUESTION: _____
ANSWER: _____
SECURITY QUESTION: _____
ANSWER: _____
SECURITY QUESTION: _____
ANSWER: _____
NOTES: _____
_____
_____

PASSWORD: _____
PASSWORD: _____
PASSWORD: _____
PASSWORD: _____
PASSWORD: _____
PASSWORD: _____
PASSWORD: _____
PASSWORD: _____
PASSWORD: _____
PASSWORD: _____
PASSWORD: _____

WEBSITE:_____

USERNAME: _____

SECURITY QUESTION: _____

ANSWER: _____

SECURITY QUESTION: _____

ANSWER: _____

SECURITY QUESTION: _____

ANSWER: _____

NOTES: _____

_____

_____

PASSWORD: _____

PASSWORD: _____

PASSWORD: _____

PASSWORD: _____

PASSWORD: _____

PASSWORD: _____

PASSWORD: _____

PASSWORD: _____

PASSWORD: _____

PASSWORD: _____

PASSWORD: _____

WEBSITE:_____

USERNAME: _____
SECURITY QUESTION: _____
ANSWER: _____
SECURITY QUESTION: _____
ANSWER: _____
SECURITY QUESTION: _____
ANSWER: _____
NOTES: _____

_____

_____

PASSWORD: _____
PASSWORD: _____
PASSWORD: _____
PASSWORD: _____
PASSWORD: _____
PASSWORD: _____
PASSWORD: _____
PASSWORD: _____
PASSWORD: _____
PASSWORD: _____
PASSWORD: _____

WEBSITE:_____

USERNAME: _____
SECURITY QUESTION: _____
ANSWER: _____
SECURITY QUESTION: _____
ANSWER: _____
SECURITY QUESTION: _____
ANSWER: _____
NOTES: _____

_____

_____

PASSWORD: _____
PASSWORD: _____
PASSWORD: _____
PASSWORD: _____
PASSWORD: _____
PASSWORD: _____
PASSWORD: _____
PASSWORD: _____
PASSWORD: _____
PASSWORD: _____
PASSWORD: _____

WEBSITE:_____

USERNAME: _____

SECURITY QUESTION: _____

ANSWER: _____

SECURITY QUESTION: _____

ANSWER: _____

SECURITY QUESTION: _____

ANSWER: _____

NOTES: _____

_____

_____

PASSWORD: _____

PASSWORD: _____

PASSWORD: _____

PASSWORD: _____

PASSWORD: _____

PASSWORD: _____

PASSWORD: _____

PASSWORD: _____

PASSWORD: _____

PASSWORD: _____

PASSWORD: _____

WEBSITE:_____

USERNAME: _____

SECURITY QUESTION: _____

ANSWER: _____

SECURITY QUESTION: _____

ANSWER: _____

SECURITY QUESTION: _____

ANSWER: _____

NOTES: _____

_____

_____

PASSWORD: _____

PASSWORD: _____

PASSWORD: _____

PASSWORD: _____

PASSWORD: _____

PASSWORD: _____

PASSWORD: _____

PASSWORD: _____

PASSWORD: _____

PASSWORD: _____

PASSWORD: _____

WEBSITE:_____

USERNAME: _____

SECURITY QUESTION: _____

ANSWER: _____

SECURITY QUESTION: _____

ANSWER: _____

SECURITY QUESTION: _____

ANSWER: _____

NOTES: _____

_____

_____

PASSWORD: _____

PASSWORD: _____

PASSWORD: _____

PASSWORD: _____

PASSWORD: _____

PASSWORD: _____

PASSWORD: _____

PASSWORD: _____

PASSWORD: _____

PASSWORD: _____

PASSWORD: _____

WEBSITE:_____

USERNAME: _____
SECURITY QUESTION: _____
ANSWER: _____
SECURITY QUESTION: _____
ANSWER: _____
SECURITY QUESTION: _____
ANSWER: _____
NOTES: _____

_____

_____

PASSWORD: _____
PASSWORD: _____
PASSWORD: _____
PASSWORD: _____
PASSWORD: _____
PASSWORD: _____
PASSWORD: _____
PASSWORD: _____
PASSWORD: _____
PASSWORD: _____
PASSWORD: _____

CONTACTS

NAME: _____

POSITION: _____

PHONE 1: _____

PHONE 2: _____

EMAIL: _____

NAME: _____

POSITION: _____

PHONE 1: _____

PHONE 2: _____

EMAIL: _____

NAME: _____

POSITION: _____

PHONE 1: _____

PHONE 2: _____

EMAIL: _____

NAME: _____

POSITION: _____

PHONE 1: _____

PHONE 2: _____

EMAIL: _____

NAME: _____

POSITION: _____

PHONE 1: _____

PHONE 2: _____

EMAIL: _____

NAME: _____

POSITION: _____

PHONE 1: _____

PHONE 2: _____

EMAIL: _____

NAME: _____

POSITION: _____

PHONE 1: _____

PHONE 2: _____

EMAIL: _____

NAME: _____

POSITION: _____

PHONE 1: _____

PHONE 2: _____

EMAIL: _____

NAME: _____

POSITION: _____

PHONE 1: _____

PHONE 2: _____

EMAIL: _____

NAME: _____

POSITION: _____

PHONE 1: _____

PHONE 2: _____

EMAIL: _____

NAME: _____

POSITION: _____

PHONE 1: _____

PHONE 2: _____

EMAIL: _____

NAME: _____

POSITION: _____

PHONE 1: _____

PHONE 2: _____

EMAIL: _____

NAME: _____

POSITION: _____

PHONE 1: _____

PHONE 2: _____

EMAIL: _____

NAME: _____

POSITION: _____

PHONE 1: _____

PHONE 2: _____

EMAIL: _____

NAME: _____

POSITION: _____

PHONE 1: _____

PHONE 2: _____

EMAIL: _____

NAME: _____

POSITION: _____

PHONE 1: _____

PHONE 2: _____

EMAIL: _____

NAME: _____

POSITION: _____

PHONE 1: _____

PHONE 2: _____

EMAIL: _____

NAME: _____

POSITION: _____

PHONE 1: _____

PHONE 2: _____

EMAIL: _____

NAME: _____

POSITION: _____

PHONE 1: _____

PHONE 2: _____

EMAIL: _____

NAME: _____

POSITION: _____

PHONE 1: _____

PHONE 2: _____

EMAIL: _____

NAME: _____

POSITION: _____

PHONE 1: _____

PHONE 2: _____

EMAIL: _____

NAME: _____

POSITION: _____

PHONE 1: _____

PHONE 2: _____

EMAIL: _____

NAME: _____

POSITION: _____

PHONE 1: _____

PHONE 2: _____

EMAIL: _____

NAME: _____

POSITION: _____

PHONE 1: _____

PHONE 2: _____

EMAIL: _____

NAME: _____

POSITION: _____

PHONE 1: _____

PHONE 2: _____

EMAIL: _____

NAME: _____

POSITION: _____

PHONE 1: _____

PHONE 2: _____

EMAIL: _____

NAME: _____

POSITION: _____

PHONE 1: _____

PHONE 2: _____

EMAIL: _____

NAME: _____

POSITION: _____

PHONE 1: _____

PHONE 2: _____

EMAIL: _____

NAME: _____

POSITION: _____

PHONE 1: _____

PHONE 2: _____

EMAIL: _____

NAME: _____

POSITION: _____

PHONE 1: _____

PHONE 2: _____

EMAIL: _____

NAME: _____

POSITION: _____

PHONE 1: _____

PHONE 2: _____

EMAIL: _____

NAME: _____

POSITION: _____

PHONE 1: _____

PHONE 2: _____

EMAIL: _____

NAME: _____

POSITION: _____

PHONE 1: _____

PHONE 2: _____

EMAIL: _____

NAME: _____

POSITION: _____

PHONE 1: _____

PHONE 2: _____

EMAIL: _____

NAME: _____

POSITION: _____

PHONE 1: _____

PHONE 2: _____

EMAIL: _____

NAME: _____

POSITION: _____

PHONE 1: _____

PHONE 2: _____

EMAIL: _____

NAME: _____

POSITION: _____

PHONE 1: _____

PHONE 2: _____

EMAIL: _____

NAME: _____

POSITION: _____

PHONE 1: _____

PHONE 2: _____

EMAIL: _____

NAME: _____

POSITION: _____

PHONE 1: _____

PHONE 2: _____

EMAIL: _____

NAME: _____

POSITION: _____

PHONE 1: _____

PHONE 2: _____

EMAIL: _____

NAME: _____

POSITION: _____

PHONE 1: _____

PHONE 2: _____

EMAIL: _____

NAME: _____

POSITION: _____

PHONE 1: _____

PHONE 2: _____

EMAIL: _____

NAME: _____

POSITION: _____

PHONE 1: _____

PHONE 2: _____

EMAIL: _____

NAME: _____

POSITION: _____

PHONE 1: _____

PHONE 2: _____

EMAIL: _____

NAME: _____

POSITION: _____

PHONE 1: _____

PHONE 2: _____

EMAIL: _____

NAME: _____

POSITION: _____

PHONE 1: _____

PHONE 2: _____

EMAIL: _____

NAME: _____

POSITION: _____

PHONE 1: _____

PHONE 2: _____

EMAIL: _____

NAME: _____

POSITION: _____

PHONE 1: _____

PHONE 2: _____

EMAIL: _____

NOTES

Made in the USA
Columbia, SC
04 September 2021

44886756R00057